AF235880

Backpacking
für Anfänger, Abenteurer und Weltenbummler

Mit der perfekten Planung und einem Rucksack um die Welt

Martin Glesch

🎒 INHALT

Das erwartet Sie in diesem Buch

D as Fernweh ruft Sie? Sie träumen davon, andere Länder und Kulturen kennenzulernen und fremde Städte voller neuer Gerüche und Eindrücke unsicher zu machen? Menschen kennenzulernen, die Sie sonst niemals kennengelernt hätten?

Pauschalreisen und All-inclusive kann jeder! Stattdessen lieber Rucksack auf und los geht die Reise, mitten hinein ins Unbekannte. Nach Wochen oder Monaten voller Abenteuer zurückkehren als ein selbstbewussteres Ich voller neuer Erfahrungen.

Backpacking ist ein Trend, der seit Jahren immer beliebter wird. Zahlreiche, vor allem junge Erwachsene suchen das Abenteuer und neue Erfahrungen im Ausland, oft weit weg von Familie und Freunden. Sie starten nur mit einem Rucksack auf dem Rücken und kommen erst nach Monaten wieder, begeistert von ihrer Reise.

Wenn auch Sie in Ihr erstes Backpackingabenteuer starten wollen, aber gar nicht so recht wissen, wo Sie mit der Reiseplanung überhaupt anfangen sollen – schließlich gibt es eine Menge zu organisieren – dann sollten alle Zweifel und Unsicherheiten nach Lesen dieses Ratgebers wie weggeblasen sein und Sie können es gar nicht mehr erwarten, auf Reisen zu gehen. Vom Wählen des richtigen Reiseziels über die Planung vorab und die ersten Tage vor Ort, werde ich Ihnen Schritt für Schritt Tipps geben und erklären, wie Sie Ihre Reise ganz einfach selbst organisieren können. Danach steht Ihrem ersten Backpackingtrip gewiss nichts mehr im Wege.

Warum eigentlich Backpacking?

Warum überhaupt lieber Backpacking als ein bequemer All-inclusive-Urlaub, wo man sich am Buffet den Bauch vollschlagen und den ganzen Tag entspannt am Pool liegen kann?

Für mich gibt es da vor allem eine Antwort drauf: Freiheit!

Den Rucksack auf dem Rücken ins Blaue hinein, nicht zu wissen was einen den Tag über erwartet, was für neue Menschen man trifft oder wo es einen hin verschlägt. Eigentlich war der Plan, morgen in

Stadt XY zu sein? Egal, der Strand hier ist so schön, hier faulenze ich ein paar Tage und reise später weiter. Oder wollen Sie einfach mal einen Tag im Bett liegen bleiben, ohne ein schlechtes Gewissen zu haben, weil ja eigentlich noch der Haushalt gemacht werden muss? Jetzt haben Sie die Gelegenheit dazu.

Sie haben gerade eine neue Freundschaft geschlossen? Super, dann können Sie ja für ein paar Tage gemeinsam reisen. Vielleicht hat der oder die Andere ja einen noch besseren Plan für die weitere Reise als Sie, also schließen Sie sich ihm oder ihr einfach an. Warum auch nicht? Ihr Gepäck haben Sie sowieso immer dabei, Sie müssen auf niemanden hören, sich niemandem anpassen (außer vielleicht Ihrem Reisegefährten) und es niemandem recht machen außer sich selbst.

Das Schlimmste, was passieren kann, ist dass Sie Erfahrungen sammeln, von denen Sie wahrscheinlich noch Ihren Enkeln erzählen werden. Denn die Situationen, die am unangenehmsten oder verrücktesten waren, sind die, über die man hinterher am meisten lachen kann. Die Situationen, vor denen man anfangs am meisten Angst hatte, sind die, auf die man hinterher am meisten stolz ist.

Jeder Backpacker, der von seiner Reise zurückkehrt, ist in dieser Zeit ein Stück gewachsen. Viele haben sich selbst besser kennengelernt. Sie haben ihre Ängste überwunden und Dinge gemacht, die Sie sich normalerweise nie getraut hätten.

Sie haben gelernt, Vorurteile zu überwinden und sich für Unbekanntes zu öffnen. Sie haben gemerkt, in welchem Überfluss und Luxus Sie zu Hause eigentlich leben. Denn auf Ihrer Reise haben Sie keinen bis oben hin vollgepackten Kleiderschrank, keine eigene Küche oder einen Koffer voller Medikamente für den Notfall. Keinen gefüllten Kühlschrank, nicht immer eine warme Heizung oder eine Waschmaschine in der Nähe. Beängstigend, oder? Aber glauben Sie mir: Es geht auch ohne das alles. Zu lernen, wie man minimalistischer lebt, gehört ebenfalls zum Abenteuer. Und wenn es einem nicht so sehr zusagt, dann überlebt man es trotzdem und weiß nach der Reise umso mehr zu schätzen, was man hat.

Sie merken also: Sie haben eigentlich nichts zu verlieren. Denken Sie, Sie haben das Zeug zum Backpacker? Falls Sie noch Zweifel daran haben, kann das folgende Kapitel vielleicht Antwort schaffen.

Haben Sie das Zeug zum Backpacker?

Natürlich hat ein All-inclusive-Urlaub auch seine Vorzüge. Und natürlich kann eine Backpackingreise herausfordernd sein und einen manchmal auch vor scheinbar ausweglose Situationen stellen. Im letzten Kapitel ging es hauptsächlich um die Vorteile und schönen Seiten von Backpacking, doch natürlich hat diese Art zu Reisen auch ihre Schattenseiten.

Im Grunde gibt es an dieser Stelle zwei Möglichkeiten:

1. Sie sind jemand, der ohne Berührungsängste auf andere zugeht. Überfüllte Schlafsäle, nicht immer ganz so saubere Campingtoiletten oder manchmal leider verschmutzte Hostelküchen machen Ihnen nichts aus? Mal ein paar Tage ohne (oder nur mit eiskalter) Dusche auszukommen, ist kein Problem? Sie warten nur darauf, Neues zu erleben und warten förmlich darauf, endlich mal von zu Hause wegzukommen? Herzlichen Glückwunsch, Sie sind der geborene Backpacker. Warum sind Sie nicht längst losgeflogen?

2. Sie beantworten die gerade gestellten Fragen alle mit Nein und in Ihrem Kopf entsteht sofort die Sehnsucht nach Pool und All-inclusive-Hotel. Mangelnde Hygiene ist der pure Horror und Sie müssen fremde Menschen ansprechen? Bloß nicht! Sie haben noch dazu Angst vor dem Fliegen und wollen am liebsten immer alles von vorn bis hinten durchgeplant haben? Nun, dann sollten Sie sich entscheiden:

Buchen Sie lieber doch zwei Wochen Mallorca-Urlaub im nächsten Sommer oder wagen Sie den Sprung aus der Komfortzone und überwinden Ihre Flugangst, lernen fremde Menschen kennen und mit mangelnder Sauberkeit zu leben? Diesen Schritt zu wagen, kann beängstigend sein und nicht jeder kann mit diesen neuen Herausforderungen umgehen. Wie weit Sie bereit sind, sich für bisher völlig Fremdes zu öffnen, müssen letztendlich Sie entscheiden. Wenn Sie bereit für ein Abenteuer sind, das höchstwahrscheinlich Ihr Leben verändern wird, dann folgen Sie mir in das nächste Kapitel und wir schauen, wo die Reise überhaupt hingehen soll.

Wo soll es überhaupt hingehen?

Zunächst sei einmal gesagt: Im Prinzip ist es möglich, in jedem Land (sofern die Einreise erlaubt ist), zu reisen. Wenn es Sie schon immer ins tiefste Sibirien gezogen hat: Niemand verbietet es Ihnen dorthin zu reisen. Dennoch wäre es vielleicht zu empfehlen, für die erste Reise mit dem Backpack zunächst ein Land zu wählen, das den Anfang etwas leichter macht. Für Anfänger geeignete Backpackingländer zeichnen sich durch ihre gute Infrastruktur (z. B. der Verfügbarkeit von Hostels), ihren klimatischen Bedingungen, einigermaßen günstigen Lebenshaltungskosten und ihrer Reisesicherheit aus. Außerdem ist es gerade für Anfänger eine Erleichterung, wenn zusätzlich noch viele andere Backpacker unterwegs sind, denen es entweder ähnlich ergeht oder die einem mit ihren Erfahrungen weiterhelfen können.

Wenn die Einheimischen Englisch sprechen, wäre das natürlich auch ein Vorteil. Ein paar Englisch-Grundkenntnisse sollte jeder Backpacker im Kopf haben, andernfalls wird die Verständigung zu einer echten Herausforderung – auch wenn es mit Händen und Füßen meist irgendwie gelingt.

Im Folgenden stelle ich nun einmal grob ein paar Regionen vor und ob es als Anfänger zu empfehlen ist, dort die erste Backpackingreise zu starten. Die Beschreibungen dienen mehr einer kurzen Übersicht und vielleicht zur Entscheidungshilfe; wenn Sie ein bestimmtes Land im Auge haben, sollten Sie sich trotzdem noch genauer darüber informieren, um böse Überraschungen möglichst zu vermeiden.

EUROPA

Natürlich bietet es sich an, das erste Backpacking-Abenteuer direkt vor der Haustür zu starten. Man kann bequem mit dem Zug oder Bus von A nach B kommen oder sogar einfach mit dem eigenen Auto fahren. Die Gefahr eines Kulturschocks besteht nicht und wenn das Heimweh mal zu groß ist oder die Reise doch nicht so ist, wie man sie sich vorgestellt hat, ist man schnell wieder zu Hause. Zeitverschiebung ist kaum vorhanden und man ist trotzdem ein Stück weit vom alten Umfeld entfernt. Zudem gestaltet sich die Einreise deutlich leichter, wenn man nicht extra ein Visum beantragen muss und in vielen Ländern kann man sogar mit der eigenen Währung bezahlen.

Aber Europa ist vielfältig, wohin soll es also gehen? Wer sich nach endlosen Wäldern und viel Natur sehnt, dem ist Skandinavien zu empfehlen. Leider sind diese nördlichen Länder recht teuer, vor allem was Lebensmittel angeht, und zu einem Großteil des Jahres ist es dort eher dunkel und kalt. Aber wer sich Abenteuer im Schnee, Seen und Fjorde wünscht, für den sollten diese Länder gut geeignet sein. Wenn Sie dagegen lieber etwas wärmere Gefilde bevorzugen, ist die Gegend im Mittelmeerraum sehr zu empfehlen. Spanien, Italien, Südfrankreich oder Kroatien: Länder, die für die meisten Menschen sowieso als Urlaubsländer bekannt sind. Aus gutem Grund! Die Lebensfreude, das gute Essen und die schönen Strände sind genauso gute Gründe, dort Zeit zu verbringen wie die kulturellen Städte. Auch die Infrastruktur, vor allem das Busnetz, ist gerade in Italien und Spanien bestens geeignet für Backpacker und bringt Sie zu günstigen Preisen so gut wie überall hin.

„In diesen Ländern war ich schon oft genug im Urlaub, ich will weiter weg!", denken Sie sich jetzt und das aus gutem Grund. Die meisten Backpacker zieht es deutlich weiter in die Ferne.

SÜDOSTASIEN

Das beste Land für Backpacker mit gut ausgebauter Infrastruktur, Englischkenntnissen der Einheimischen, fremder Kultur, Traumstrände und noch dazu sehr günstigem Lebensunterhalt: Thailand. Unzählige Backpacker werden jährlich von diesem Land angezogen, weshalb es Ihnen umso leichter fallen wird, Gleichgesinnte zu finden. Aber auch die

Nachbarländer Kambodscha, Laos oder Vietnam sind für Asienfans, Strandliebhaber und Backpackereinsteiger gut geeignet und noch besser für jene, deren Reisebudget nicht allzu groß ist.

Warm genug, um jederzeit ins Meer zu springen, ist es die meiste Zeit noch dazu. Sie haben lebhafte Großstädte, in denen es von fremden Gerüchen, unbekannten Gerichten und lauter Menschen nur so wimmelt und gleichzeitig entlegene Regenwälder mit antiken Tempeln – Kultur pur. Dazu noch weiße Strände mit türkisblauem Wasser. Was will man mehr?

OZEANIEN

Australien und Neuseeland. Die Länder, wo es vor allem junge Leute, die gerade die Schule abgeschlossen haben, hinzieht. Weiter weg von zu Hause geht es wohl kaum und die Kultur ähnelt trotzdem noch der der Heimat. Kulturschock ausgeschlossen. Außerdem zeichnen sich diese Länder durch ihre hohe Sicherheit aus, selbst als alleinreisende Frau fühlt man sich zu keiner Zeit unwohl.

Australien zeichnet sich durch seine besondere Tierwelt aus und bietet sowohl einmalige Strände für diejenigen, die schon immer mal das Surfen lernen wollten, als auch riesige Wüstengebiete, in denen man tagelang keine Menschenseele treffen wird, wenn man einfach mal seine Ruhe haben will. Wer Gesellschaft mag, hat lebendige Metropolen wie Sydney oder Melbourne zur Auswahl.

Neuseeland überzeugt jeden Reisenden mit seiner vielfältigen und vor allem unberührten Natur. Wenn Sie sich nicht entscheiden können, ob Sie lieber in den Regenwald, an den Strand oder in die Berge wollen: Auf nach Neuseeland, dort haben Sie alles auf kleinstem Raum. Wer noch dazu echte Outdoorabenteuer und Adrenalinkicks will, kommt ebenfalls auf seine Kosten. Nicht umsonst werden die Neuseeländer als Erfinder des Bungeejumpings bezeichnet.

Noch dazu schwärmt ein jeder Backpacker, der dieses Land besucht hat, von der Freundlichkeit und Offenherzigkeit der Einheimischen. An Gesellschaft von anderen Backpackern (vor allem deutschen) mangelt es genauso wie in Australien ebenfalls nicht. Einziges Manko: Der Flug bis ans andere Ende der Welt ist natürlich am teuersten und die Lebenshaltungskosten ähneln denen in Deutschland,

Lebensmittel können auch mal etwas teurer sein. Wer aber eine üppige Reisekasse hat, dem sind diese Länder als Einsteigerländer sehr zu empfehlen.

MITTEL- & SÜDAMERIKA

Wer träumt nicht davon, in der Karibik am Strand zu liegen oder auf den Spuren der Inkas den Machu Picchu zu besteigen? Mittel- und Südamerika haben sicher ihre Vorteile. Besonders, wenn man über einige Spanischkenntnisse verfügt, hat man sicher keine Probleme, dort herumzureisen.

Die Länder dort sind sehr unterschiedlich. Brasilianischer Regenwald und Amazonas, Korallenriffe in Mexiko oder in Chile die Anden besteigen? In die Salzwüste in Bolivien? Oder vielleicht doch lieber Pinguine am Südzipfel Argentiniens beobachten? Die Möglichkeiten sind so vielfältig wie die dort aufzufindende Kultur. Bunt, lebhaft und dabei noch relativ günstig; optimal für einen abwechslungsreichen Backpackaufenthalt. Die beste Infrastruktur bieten in Südamerika Chile und Argentinien, die für Backpackereinsteiger am besten zu empfehlen sind. Zu beachten: Die Länder erstrecken sich weit von Norden nach Süden, weshalb das Klima sehr stark schwanken kann.

Problematisch kann in Mittel- und Südamerika die Reisesicherheit in den Ländern werden. Die sichersten Länder in Mittelamerika sind daher Costa Rica und Panama, dennoch gilt grundsätzlich für diesen Kontinent: Vorher gut informieren, welche Gebiete sicher sind und welche man lieber meiden sollte.

NORDAMERIKA

Dass es in den USA riesige Städte zu erkunden gibt und man in Las Vegas mit Sicherheit sein gesamtes Reisebudget lassen kann, wissen Sie sicherlich auch, ohne dass ich es extra erwähne. Doch auch die USA bieten einzigartige Landschaften, über Wälder und Seen in eher gemäßigtem bis kaltem Klima in den Nordstaaten, über Wüsten und Gebirgsketten bis hin zu Traumstränden in Florida oder Kalifornien. Wer wollte nicht schon einmal den Grand Canyon sehen oder durch Hollywood spazieren? Die USA bieten alles, was das Herz begehrt. Kanada ist dagegen ein Reiseziel für diejenigen, die unendlich weite Landschaften bevorzugen. Ähnlich wie Skandinavien bietet das Land Wälder und Seen bis zum Abwinken und ist für Naturliebhaber sicher eine Traumdestination. Noch dazu sind die Einheimischen dort sehr freundlich und offen gegenüber Fremden und Sie werden sich sicher schnell gut aufgehoben fühlen.

Außerdem unterscheidet sich die Kultur in Nordamerika, wie auch in Ozeanien, nicht allzu sehr von der unseren. Zu beachten: Beide Länder sind sehr groß. Während man bei kleineren Ländern wie Thailand oder Neuseeland eher die Möglichkeit hat, sich das ganze Land in relativ kurzer Zeit anzusehen, wird das mit diesen beiden Ländergrößen vermutlich eher eine Herausforderung. Soweit eine grobe Übersicht, welche Länder Sie für Ihre erste Backpacktour in Erwägung ziehen sollten. Afrikanische Länder und asiatische wie Indien oder China wurden bewusst ausgelassen, da sie sich eher nicht für Anfänger eignen. Wenn Sie trotzdem unbedingt dorthin wollen, informieren Sie sich vorher unbedingt gut.

Sie haben sich Ihr Ziel gut überlegt? Dann können wir ja mit der Reiseplanung starten.

Die Reiseplanung vorab

WANN UND WIE LANGE WOLLEN SIE WEG?

Wann der beste Zeitpunkt für eine Backpackingreise ist, ist nicht wirklich zu sagen. Eigentlich können Sie jederzeit starten. Vielleicht hilft aber ein Blick auf die klimatischen Gegebenheiten Ihres Ziellandes. Es ist möglicherweise nicht unbedingt die beste Idee, im Hochsommer (unserem Winter) in Australien zu landen und sofort die vollen 40°C abzukriegen. Oder im tiefsten Winter nach Skandinavien zu fliegen. Es sei denn, Sie mögen sehr viel Schnee und Tage, an denen kaum die Sonne scheint.

Genauso ist es mit der Dauer Ihres Aufenthaltes. Manche fliegen los und kommen wieder, wenn das Geld verbraucht ist. Manche arbeiten im Zielland, um extra lange dort bleiben zu können. Manche fliegen hin, eigentlich mit dem Ziel, nur ein paar Wochen zu bleiben und plötzlich werden es doch einige Monate. Und dann gibt es Leute, die direkt Ihre Wohnung und Job kündigen und auf Weltreise fliegen mit unbekanntem Rückreisedatum. Wenn Sie keinerlei Erfahrung haben, sollten Sie Letzteres vielleicht nicht unbedingt machen, es sei denn, Sie sind sehr mutig.

Wie lange und wann Sie wegwollen, hängt natürlich von Ihrem Budget und Ihrer freien Zeit ab. Wenn es der Job nicht anders zulässt, sind vielleicht nur 2 - 3 Wochen möglich. Für den Anfang und zum „Reinschnuppern" vielleicht nicht schlecht und wenn es Ihnen doch überhaupt nicht zusagt, können Sie schnell wieder nach Hause. Aber eigentlich ist dieser Zeitraum zu wenig, vor allem, wenn es weit weg gehen soll.

Nach Neuseeland zum Beispiel dauert der Flug bereits zwei Tage und dann erwartet einen erst einmal ein schöner Jetlag. Bis man sich daran gewöhnt hat, ist eine Woche um und Sie werden einen strengen Reiseplan brauchen, um vom Land möglichst viel zu sehen. Das endet eher in Stress und Unzufriedenheit, wenn es wieder nach Hause geht und man kaum etwas mitnehmen konnte. Und eigentlich ist gerade diese Entspannung und die Freiheit, alles im eigenen Tempo zu tun, ja das, was das Backpacking ausmacht.

Dass eben mal nicht zwei Wochen von vorn bis hinten durchgeplant werden und man sich einfach treiben lassen kann. Dafür benötigen Sie allerdings mindestens einen Monat, um im Ansatz das Gefühl zu bekommen, was es heißt, ein Backpacker zu sein. Je mehr Zeit, desto besser. Und desto mehr Freiheit. Wenn Sie nur zwei Wochen haben: Machen Sie das Beste draus, Sie werden sicherlich Einiges erleben können. Wenn Sie mehr Zeit haben - hervorragend.

ALLEIN ODER MIT TRAVELMATE?

Alles hat seine Vor- und Nachteile. Ein guter Freund, Partner oder *Travelmate* kann Gold wert sein und Probleme oder Heimweh nur halb so schwer machen. Komplett unabhängig zu sein und nur auf sich selbst zu hören, kann ein unglaubliches Gefühl der Freiheit sein. Einen Travelmate zu haben, dem man sich ständig anpassen muss und mit dem man sich überhaupt nicht versteht, kann die Reise schrecklich machen.

Sich tagelang vor Einsamkeit oder Heimweh die Augen auszuheulen, kann absoluter Horror sein.

Natürlich wird es vor allem das erste Backpackabenteuer wesentlich erleichtern, wenn man jemanden dabeihat, dem man vertraut und mit dem man sich gut versteht. Falls man krank wird, hat man jemanden, der sich um einen kümmert. Falls ein Ort mal überhaupt nicht so ist, wie man es sich vorgestellt hat, kann man gemeinsam darüber lachen. Man fühlt sich deutlich sicherer in einem Hostel voller Fremder, wenn man gegenseitig auf sich Acht geben kann. Man hat einfach ein Stück Heimat dabei. Eine Person, die einen kennt, auf die man sich verlassen kann, jemanden mit dem man immer reden kann und vor allem jemanden, mit dem man auch nach der Reise gemeinsam auf das Erlebte zurückblicken kann. Und so eine gemeinsam verbrachte Zeit ist etwas sehr Besonderes.

Selbstverständlich gibt es auch eine Kehrseite der Medaille. Sie und Ihr Travelmate müssen sich nicht nur gut verstehen, Sie sollten sich auch in einigen Dingen einig sein. Wenn Sie sich zwar seit zehn Jahren kennen, Ihr Gefährte aber nur Städte sehen will, während Sie lieber am Strand liegen, wird es nicht funktionieren. Genauso wenig wird es funktionieren, wenn einer der geborene Camper ist und der andere lieber in Hostels nächtigt. Einer will Strand, einer Berge, einer Kultur, einer Natur, einer Sport, einer faulenzen. Da kann man noch so gut befreundet sein, man wird nicht um Diskussionen und Kompromisse herumkommen.

Wenn man dazu bereit und offen gegenüber Kompromissen ist, ist das alles natürlich kein Problem. Man sollte sich vorher aber auf jeden Fall genau darüber unterhalten, was die Vorstellungen der Reise sind und inwieweit man bereit ist, sich dem jeweils anderen anzuschließen. Zu beachten ist aber auf jeden Fall: Eine Reise, vor allem über einen langen Zeitraum, wo man die ganze Zeit dieselbe Person um sich herum hat, kann die Freundschaft oder Beziehung auf eine harte Probe stellen. Es ist sehr gut möglich, dass der Punkt kommt, an dem Sie gerade einfach mal keinen Bock auf die Person da neben sich haben. Dann ist es wichtig, darüber zu reden und vielleicht einfach mal ein paar Tage eine Pause voneinander zu machen oder das Problem – wenn es ein konkretes gibt – aus der Welt zu schaffen.

Sie sind Single oder der Partner hat keine Lust, Freunde haben keine Zeit, aber Sie wollen Ihre Backpackingreise trotzdem durchziehen? Dann machen Sie's allein. Ja, es erfordert Mut. Und ja, wenn Sie es nicht gewohnt sind, allein zu reisen, werden Sie vor allem die ersten Tage an Ihre Grenzen bringen. Aber wenn es etwas gibt, um über sich hinauszuwachsen, seine Ängste zu überwinden, fremde Menschen anzusprechen und zu lernen, auf sich selbst zu hören, dann, wenn man sich allein, nur mit einem Backpack bewaffnet in ein unbekanntes Land wagt. Selbst wenn Sie es hassen, andere Menschen anzusprechen: Nach ein paar Tagen Alleinsein werden Sie es automatisch tun, weil Sie sich mal wieder Gesellschaft wünschen.

Natürlich kann es gut sein, dass es Momente gibt, in denen Sie sich einfach nur in ein Bett verkriechen wollen. Oder Momente, in denen Sie am schönsten Ort der Welt stehen und gern jemanden hätten, mit dem Sie diese teilen könnten. Aber selbst, wenn Sie vollkommen allein losreisen, wird das nicht lange so bleiben. In einer Hostelküche spricht Sie jemand an, weil er gern Gesellschaft hätte. Sie haben einen Platz im Auto frei und nehmen einen Tramper mit. Sie wollen nach dem Weg fragen und zufällig will die andere Person zum selben Ziel. Sie werden definitiv offener für neue Bekanntschaften sein, wenn Sie sich nicht auf eine bestimmte Person fixieren können. Und vielleicht treffen Sie ja sogar jemanden, bei dem Sie entscheiden, die Reise gemeinsam fortzusetzen.

Es hat also beides seine Vor- und Nachteile. Für die erste weite Reise ist es vielleicht schöner, jemanden dabei zu haben. Vorausgesetzt, Sie sind die geeigneten Travelmates. Aber gerade in Ländern, deren Sicherheit ein wenig schwierig sein kann, kann der Gedanke (vor allem als Frau), allein herumzureisen, sehr beängstigend sein.

Inwiefern Sie sich den Herausforderungen und schönen Erlebnissen allein oder in Begleitung stellen, ist Ihre Entscheidung. Beides hat seine Vor- und Nachteile und ein Großteil aller Backpacker ist nach seiner Reise froh, diese Entscheidung so getroffen zu haben, wie er es getan hat.

FINANZIERUNG

Natürlich spielt die Finanzierung der Reise eine große Rolle. Was nützt es einem, wenn man sich endlich den Traum erfüllen und in die USA fliegen will, aber nach Buchung des Flugs eigentlich kaum noch Geld übrigbleibt?

Welche Kosten erwarten Sie?
Eine allgemeine Summe, wie viel Sie dabeihaben sollten, ist jedoch so gut wie unmöglich. In Thailand bekommen Sie eine gute Mahlzeit schon ab umgerechnet 50 ct, wovon Backpacker in Australien nur träumen können. Genauso spielt der Lebensstil eine Rolle. Reichen Ihnen die minimalistischsten Hostels und bewegen Sie sich hauptsächlich als Tramper fort? Oder wollen Sie am liebsten einen eigenen Camper haben, hin und wieder in schönen Hotels schlafen oder sich auch mal richtig etwas gönnen?

Wenn Sie bereits planen, einen Bungeejump in Neuseeland oder einen Tauchkurs in Mexiko zu machen, fällt das natürlich auch ins Budget und sollte vorher mit eingeplant sein. Dazu kommen noch Anschaffungen vor der Reise wie Flug und Backpack. Wenn Sie unbedingt eine grobe Zahl haben wollen, mit denen man als Backpacker recht sorgenfrei und bedenkenlos umherreisen kann, ohne ständig knausern zu müssen (was der ganzen Reise einen ziemlichen Knick geben kann), dann rechnen Sie ungefähr mit 1.000 € +/- 300 € im Monat. Darin sind enthalten:

- Lebensmittel
- Transport (Spritgeld, Bustickets o. ä.)
- Unterkunft
- eventuelle Ausflüge oder Unternehmungen

Machen Sie den einen Monat vielleicht einen Fallschirmsprung oder gönnen sich ein schickes Hotel, verbringen Sie den Monat darauf vielleicht lieber damit, einfach am Strand zu liegen oder eine längere Wandertour zu machen, wo Sie so gut wie gar nichts benötigen. Wenn Sie 1.000 € pro Monat einplanen, sollten Sie mit einem recht komfortablen Lebensstil eigentlich gut über die Runden kommen. Falls Sie nur einen Monat oder kürzer unterwegs sind, könnte es allerdings teurer werden, weil Sie vermutlich so viel wie möglich mitnehmen wollen. Ein Tipp: Gönnen Sie sich was. Es ist nur halb so schön, wenn man sich endlich den lang ersehnten Traum vom Neuseelandbackpacking erfüllt hat und dann kaum etwas unternehmen kann, weil man zu geizig ist oder sich nicht traut, das Geld auszugeben. Sie werden sich im Nachhinein gewiss ärgern. Wenn Sie den Fallschirmsprung so gern machen wollen, aber es eigentlich ja schon viel Geld ist, obwohl Sie es theoretisch hätten - tun Sie's. Sie werden dort so schnell nicht wieder hinkommen.

Wie Sie Ihre Reise finanzieren könnten
Eigentlich gibt es dazu nur ein Stichwort: sparen. Wenn Sie heute entscheiden, nächste Woche ein Jahr auf Weltreise zu gehen, könnte das mit dem Budget etwas eng werden, wenn Sie nicht gerade eh schon ein gut gefülltes Konto haben. Aber dann könnten Sie dieses Kapitel auch einfach überspringen.

Viele starten ihr erstes Backpackabenteuer in jungen Jahren. Wenn Sie direkt nach dem Abitur starten, kann ich empfehlen, im Herbst los zu reisen und in der Zeit zwischen dem Abschluss der letzten Abiturprüfung und der Abreise einige Wochen zu arbeiten. Da kommt gutes Geld zusammen, mit dem man viel unternehmen kann. Genauso geht dies natürlich nach Abschluss von Ausbildung oder

Studium, falls man dann die Zeit dafür findet. Wenn man das Backpackingabenteuer schon lange plant und bereits einen festen Job hat, dann ist es hilfreich, immer mal wieder ein bisschen Geld für die Reisekasse beiseite zu legen. Je mehr Geld Sie für Ihr Abenteuer zur Verfügung haben, desto unbesorgter können Sie reisen, ohne jeden Cent dreimal umdrehen zu müssen.

Schlussendlich bietet sich noch die Möglichkeit einer Work & Travel oder auch Working Holiday Reise. Ein halbes Jahr in den USA? Warum nicht einen Monat davon in einer Bar oder in der Landwirtschaft arbeiten? Die Arbeit kann zwar hart sein, aber man lernt jede Menge Leute kennen, meist aus den unterschiedlichsten Ländern und kann das Geld, was man dort verdient, hinterher unbesorgt für schöne Dinge ausgeben. Oft lernt man das einheimische Leben noch besser kennen, wenn man diese Erfahrung macht. Viele der typischen Backpackingländer, wie beispielsweise Neuseeland oder Australien, haben ihre Landwirtschaft bereits den vielen internationalen Arbeitskräften angepasst – dort einen Job zu finden, wird Ihnen ein Leichtes sein. Aber lassen Sie den eigentlichen Sinn Ihrer Reiste nicht aus den

Augen. Sie sind nicht den langen Weg gereist, um zu arbeiten. Geld verdienen ist schön, ja, aber in erster Linie sind Sie dort, um das Land zu entdecken.

Wichtig: In manchen Ländern müssen Sie ein bestimmtes Visum beantragen, um dort arbeiten zu dürfen. Informieren Sie sich darüber genau.

TIPPS, UM EINEN MÖGLICHST GÜNSTIGEN FLUG ZU BEKOMMEN

Die Finanzierung haben wir organisiert, kommen wir nun zu einer der wahrscheinlich teuersten „Anschaffung", wenn es weit weg von zu Hause geht - der Flug. Der sollte am besten so günstig wie möglich sein, um die Reisekasse nicht schon im Vorfeld zu stark zu belasten.

Wieder ist es schwer, Tipps zu geben, die unabhängig vom gewählten Reiseziel sind. Je nach Saison, Jahreszeit oder Airline können die Preise stark variieren. Es empfiehlt sich aber, etwa zwei bis vier Monate im Voraus mit der Suche nach einem günstigen Flug zu beginnen. Bei Langstreckenflügen eher etwas früher, bei Kurzstreckenflügen geht es auch etwas später. Sechs Wochen vor Abreise sollte das Ticket aber in der Tasche sein, sonst wird der Flug definitiv teurer, als er sein könnte. Es gibt viele verschiedene Websites, wie *Skyscanner* oder *Google Flights*, die Ihnen die Suche erleichtern können. Bei manchen gibt es sogar einen Preisalarm, der Ihnen Bescheid gibt, wenn Ihr gewünschter Flug am günstigsten ist. Schauen Sie auf jeden Fall über ein paar Tage mal häufiger rein, die Preise ändern sich ständig. Wenn Sie flexibel mit Flughäfen und dem Abflugdatum sind, probieren Sie ein bisschen herum. Manche Tage und Flughäfen sind deutlich günstiger als andere. Vermeiden Sie in Ferien- und Urlaubszeiten zu fliegen. Bei kurzen Flügen sind die Abflüge unter der Woche am günstigsten, bei Langstrecken bieten sich besondere Feiertage an. Viele würden es wohl eher vermeiden, an Heiligabend nach Argentinien zu fliegen – falls Ihnen das nichts ausmacht, bekommen Sie dort mit Sicherheit einen günstigen Flug.

Günstiger sind auch oft Gabelflüge. Lust auf einen Tagestrip durch Dubai, bevor es weiter nach Australien geht? Oder ein Wochenende in New York City, bevor das nächste Flugzeug Sie nach Los Angeles bringt? Bei manchen Langstreckenflügen lässt sich ein kleiner Zwischenstopp nicht umgehen, aber selbstverständlich ist es Ihre Entscheidung, ob Sie

den Flughafen verlassen oder ob Sie den Anschlussflug nur einige wenige Stunden später wählen und die Zeit am Flughafen verbringen.

Zum Schluss probieren Sie noch aus, ob es günstiger ist, das Rückflugticket gleich mit zu buchen oder ob Sie beides getrennt buchen. Auch hier können die Preise variieren. Wenn Sie sowieso einfach ins Blaue fliegen und noch gar nicht wissen, wann Sie zurückkehren wollen, hat sich die Frage erübrigt. Achten Sie dabei dann nur darauf, ausreichend Geld für ein Rückflugticket mit einzuplanen. In manchen Ländern sind ausreichend Geld oder ein Rückflugticket sowieso Voraussetzung bei der Einreise.

Noch ein Tipp: Der allerbilligste Flug, wo Sie vor lauter Zwischenstopps und Flughafenaufenthalte zwei Tage oder sogar länger unterwegs sind und sich vom ekligsten Flugessen überhaupt ernähren müssen, ist vielleicht auch nicht der schönste Start ins Abenteuer. Ob Sie dann vielleicht doch ein bisschen mehr bezahlen, um etwas Komfort zu haben, bleibt Ihnen überlassen.

DER GEEIGNETE RUCKSACK

Er gibt dem Backpacking seinen Namen – der Backpack. Das Ding auf Ihrem Rücken, was Sie die meiste Zeit herumschleppen müssen und was Ihren gesamten Besitz enthält. Sämtliche Rucksackmodelle plus ihre Vor- und Nachteile zu nennen, würde hier deutlich den Rahmen sprengen.

Empfehlen kann ich Ihnen, in einen guten Outdoor-Laden zu gehen und sich dort anständig beraten zu lassen, verschiedene Rucksäcke anzuprobieren und sich für den, der Ihnen am komfortabelsten ist, zu entscheiden. Vollkommen egal, wie er aussieht, Hauptsache Sie können ihn gut tragen. Am besten geeignet für Backpacker sind sogenannte Trekking- oder Tourenrucksäcke, praktischerweise noch mit einem Reißverschluss an der Vorderseite, um alles auf einen Blick zu haben und nicht ewig kramen zu müssen.

40 - 60 Liter Fassungsvermögen sollte Ihr Rucksack zudem haben, um alles unterzukriegen, was Sie für eine längere Reise benötigen. Zumeist gibt es bei Rucksäcken dieser Größe oft noch jede Menge Gurte und Seitentaschen, wo Sie zusätzliches Gepäck unterbringen können. Wichtig: Denken Sie an Ihren

Rücken. Wenn Sie eher klein und zierlich sind und bei 50 Liter-Rucksäcken denken, dass Sie dort nie alles unterkriegen und stattdessen lieber zum 70 Liter-Rucksack greifen - Sie werden es wahrscheinlich bereuen. Weniger ist manchmal mehr und gerade als Backpacker lernt man, nur mit dem Nötigsten auszukommen.

DIE ULTIMATIVE PACKLISTE

Auch hier ist es wieder schwer, die Packliste so allgemein zu halten wie möglich. Frauen und Männer brauchen Unterschiedliches und im tropischen Regenwald fällt die Wahl der Kleidung etwas anders aus als im kanadischen Winter. Es gibt unzählige Packlisten im Netz, auch meine hier ist nur eine Empfehlung, die möglichst vielen Backpackerneulingen passen sollte.

Die Packliste für Sie und Ihr Reiseziel zu personalisieren, ist dann Ihre Aufgabe. Sie wissen am besten, was Sie benötigen und was nicht. Und im Notfall (solang Sie sich in einigermaßen zivilisierten Gefilden aufhalten) kann man viele Dinge auch noch vor Ort kaufen – was Sie wahrscheinlich eh tun werden oder müssen, wenn Sie für mehrere Monate unterwegs sind. Gehen wir das Ganze schrittweise an:

Geld & Dokumente

Grundsätzlich empfiehlt es sich, eine Kopie wichtiger Dokumente online oder auf einem Stick ein weiteres Mal gespeichert zu haben, falls doch mal etwas verloren geht. Gleichzeitig sollten Sie Informationen für Ihre erste Unterkunft oder einen Überblick über die Währung in Ihrem ersten Ziel möglichst ausgedruckt dabeihaben. Dass Sie direkt am Zielflughafen gutes Internet haben und schnell mal googlen können, ist eher nicht zu erwarten.

Dabeihaben sollten Sie also auf jeden Fall:
• Flug-/Bahntickets
• gültiger Reisepass
• Adresse der ersten Anlaufstation
• andere wichtige Scheine, falls vorhanden (Tauchschein, Segelschein etc.)
• Passbilder (In einigen Ländern muss man die Visa bei der Ankunft beantragen. Dafür benötigt man Passbilder.)
• Auslandskrankenversicherungskarte
• internationaler Führerschein

- Bargeld in der Zielwährung (Nicht zu viel! Es soll nur eine Erleichterung für den Start sein.)
- Kreditkarten (VISA Card und/oder Mastercard)
- Im Notfall hilfreich: Ein Ausdruck mit wichtigen Telefonnummern (eigene und Notrufnummern des Landes), Adresse der Auslandskrankenversicherung, evtl. Blutgruppe und Sperrnummer der Kreditkarte, der im Rucksack oder einer Bauchtasche aufbewahrt wird.

Kleidung

Wohl der Teil, der im Rucksack den meisten Platz einnimmt. Es empfiehlt sich, Kleidung für maximal zehn Tage mitzunehmen. Eine Wäscherei findet sich schon und notfalls wird per Hand gewaschen. Sie müssen nicht jeden Tag ein anderes T-Shirt tragen oder drei Ihrer schicksten Blusen einpacken. Gerade unter Backpackern ist es den meisten absolut egal, wie jemand gekleidet ist. Und Sie werden selbst merken, wie Sie über die Zeit immer mehr davon Abstand nehmen, jeden Tag ordentlich und schick angezogen zu sein.

Ich bin überzeugt, dass Sie es bereuen werden, wenn Sie Cocktailkleid und High-Heels in Ihren Rucksack stopfen wollen. Praktisch und bequem muss die Kleidung sein. Und natürlich angepasst an Ihr Reiseziel. Wenn es in tropisches Klima geht, vielleicht von dieser Packliste die dicke Jacke streichen und ein T-Shirt einpacken, wenn es ins Kalte geht, wenig T-Shirts, einen Pullover mehr. Hier eine grobe Richtlinie von Kopf bis Fuß:

• Kappe oder Hut als Sonnenschutz (Auch wenn es vielleicht nicht zum normalen Kleidungsstil gehört: Wenn die Sonne kräftig scheint, ist ein Sonnenschutz sehr wichtig.)

• Mütze, wenn es kalt werden könnte. (Dann auch an Schal, Handschuhe, Thermounterwäsche denken!)

• Hosen – Vorschlag: 2 lange Jeans, je nach Klima 2 kurze Hosen, 1 - 2 ¾ Hosen, Regenhose und/oder Wanderhose (praktisch, wenn man sie abzippen kann), 1 leichte/bequeme Hose (v. a. für den Flug), ggf. Kleider oder Röcke, Gürtel

• Jacken: Softshelljacke, Fleecejacke, leichte Wind-/Regenjacke (Wirklich dicke Winterjacke nur mitnehmen, wenn man wirklich im Winter reist. Ansonsten ist eine Kombination aus mehreren Lagen Kleidung wesentlich effektiver und platzsparender.)

• Oberteile: 5 T-Shirts, Tops (nehmen nicht viel Platz weg, trotzdem nicht übertreiben), 3-4 Langarm–

shirts, 1 Pulli/Sweatshirt (max. zwei, wenn es kalt werden kann), zu empfehlen: Sportshirts – trocknen sehr viel schneller

• Schuhe: Turnschuhe, Sandalen/Ballerina, Flip-Flops (sind für mich zum besten Schuhwerk überhaupt geworden), bequeme „normale" Schuhe, Trekkingschuhe (gutes Schuhwerk aus Deutschland nehmen)

• Unterwäsche (Unterhosen/Boxershorts, Socken, ggf. Wandersocken, Wintersocken, Sport-BHs) für zehn Tage

• Pyjama

• Badekleidung

• Handtücher (Absolut zu empfehlen: Mikrofaser-Handtücher; nehmen deutlich weniger Platz weg und trocknen sehr schnell.): ein bis zwei kleine und ein bis zwei große

Hygiene

Hier weiß wohl jeder am besten, was er für seine tägliche Badroutine verwendet. Und auch hier gilt: Was nicht unbedingt mit muss, bleibt zu Hause.

• ggf. After Sun

• Zahnbürste, Zahnpasta, ggf. Zahnseide

• Sonnencreme (teuer in anderen Ländern)

- Rasierer (plus Klingen), Rasierschaum, Aftershave
- Duschgel, Shampoo, Conditioner
- Deo, Parfüm
- Nagellack & Nagellackentferner (Oder einfach eine Weile mal keinen Nagellack tragen.)
- Gesichts- & Handcreme
- Haarbürste, Kamm, Haargummi etc.
- Lippenpflege o.ä.
- ggf. Haargel
- Nagelset (Schere, Feile, Pinzette)
- falls nötig: Kontaktlinsen und Zubehör, Brille (inkl. Etui und Putztuch)
- Wattestäbchen, Wattepads
- Taschentücher
- Damenhygieneartikel
- ggf. kleiner Spiegel, Make-up
- Schmuck (Nicht zu viel, Sie werden ihn wahrscheinlich eh nicht oft tragen und sonst können Sie sicher schöne Stücke vor Ort kaufen.)
- Ohrenstöpsel (können einem echt die Nacht retten)
- ggf. Schlafbrille, Nackenkissen
- Sonnenbrille
- Handwaschmittel

Reiseapotheke

Das Einzige, von dem ich hoffe, dass Sie es umsonst mitnehmen werden. Auf Hosteltoiletten über der Kloschüssel hängen, will wirklich niemand, dennoch sollten Sie auf möglichst vieles vorbereitet sein. Aber auch hier gilt. Übertreiben Sie es nicht. Das meiste werden Sie hoffentlich sowieso nicht brauchen.

- persönliche Medikamente! (auch Anti-Baby-Pille)
- (Kopf-) Schmerztabletten, z. B. Aspirin, Paracetamol, Ibuprofen
- Salbe, z. B. Bepanthen
- Erste-Hilfe-Set, inkl. Verbandszeug, Pflaster, Blasenpflaster
- Mittel gegen Durchfall, z. B. Kohletabletten, und Übelkeit (auch gegen Reiseübelkeit)
- Mittel gegen Mückenstiche, z. B. Fenistil
- Insektenschutzmittel (Ist aber oft effektiver, wenn man es vor Ort kauft, da die Insekten überall unterschiedlich sind.)
- Nasenspray, Halstabletten, Fieberthermometer
- Sonstiges: Schauen Sie sich an, was für Ihr Zielland empfohlen wird, je nach Klima, Ernährung und dort lebenden Insekten.

Technische Geräte

Wir alle wollen doch unbedingt so viel wie möglich von unserer Reise festhalten. Gleichzeitig sind technische Geräte auch am wertvollsten, teuersten und schwersten. Wenn der alte 10-Kilo-Laptop also nicht unbedingt gebraucht wird, lassen Sie ihn zu Hause. Sie müssen alles selbst tragen. Eine Auswahl, was Sie mitnehmen könnten - alles davon wäre wahrscheinlich zu viel Gewicht und zu viel Wert:

- Kamera, SD-Karten, USB-Stick
- ggf. externe Festplatte
- E-Book
- Laptop (plus Zubehör)
- Tablet/ iPad (leichter und kleiner als ein Laptop) + Ladekabel
- Smartphone + Ladekabel
- Powerbank
- Kopfhörer
- Je nachdem, in welches Reiseland Sie wollen, brauchen Sie Adapter für die Steckdosen!
- kleiner Föhn
- Taschenlampe oder Stirnlampe
- GoPro/Action Cam
- Selfiestick

Sonstiges

• Reiseführer (Vieles wird sich von selbst ergeben, wenn Sie einmal vor Ort sind, ein Reiseführer, meist inklusive Karten, kann aber sehr nützlich sein. Eine Empfehlung ist der Lonely Planet.)

• Notizbuch, Tagebuch, Kugelschreiber

• Tagesrucksack (als Handgepäck) und kleine Handtasche

• Brustbeutel oder Bauchtasche für die wichtigsten Dinge

• ggf. kleine Kartenspiele o. ä.

• ggf. Schlafsack (Es gibt spezielle, besonders leichte und kleine Schlafsäcke.)

IMPFUNGEN, DOKUMENTE & CO

Nicht unbedingt das beliebteste Thema, aber dennoch eines der wichtigsten. Krankheiten, die Sie sich zum Beispiel durch Mücken oder Trinkwasser einfangen können, sollten für das perfekte erste Backpackabenteuer (und natürlich auch die darauffolgenden) möglichst vermieden werden. Die Standardimpfungen sollten Sie alle haben.

Dazu zählen:

- Diphterie
- Pertussis (Keuchhusten)
- Tetanus
- ggf. Pneumokokken
- ggf. Poliomyelitis (Kinderlähmung)
- ggf. Masern-Mumps-Röteln
- ggf. Influenza

Weitere mögliche Impfungen sind abhängig davon, wohin Sie reisen wollen. Haben Sie eine ungefähre Vorstellung, in welche Gebiete Sie reisen, informieren Sie sich über mögliche Infektionsrisiken und sprechen Sie darüber mit Ihrem Hausarzt. Er wird wissen, wogegen Sie sich bestenfalls noch impfen lassen sollten. Mögliche Impfungen für verschiedene Gebiete sind z. B. Gelbfieber, Hepatitis A und B oder Tollwut. Die Impfungen können zwischen 30 und 100 € kosten, werden aber zumeist von der Krankenkasse übernommen, wenn sie für das Reiseziel notwendig sind.

Sollte doch der ungünstige Fall eintreten und Sie werden krank oder verletzen sich außerhalb von Europa, ist es sehr wichtig, im Vorhinein eine Aus–

landskrankenversicherung abgeschlossen zu haben. Die Kosten für diese Versicherung variieren stark, abhängig vom Zeitraum. Manche Versicherungen gelten nur für einen kürzeren Zeitraum, dann müssen Sie eine spezielle andere Versicherung abschließen. Ungefähr können Sie mit etwa einem Euro pro Tag rechnen. Informieren Sie sich bei der Versicherung Ihres Vertrauens und vergleichen Sie das Angebot mit weiteren Versicherungsanbietern. Zu empfehlen sind z. B. die Allianz oder der ADAC (Letzterer ist auch im Ausland vertreten, was Ihnen dort Vorteile bringen kann.). Ob Sie zusätzlich eine Reiserücktritt- oder Unfallversicherung abschließen wollen, liegt in Ihrem alleinigen Ermessen.

Nun noch ein letzter Teil des Papierkrams. Das Visum. Auch hier kann ich wieder nur allgemeine Informationen geben. Es gibt verschiedene Arten Visa. Für manche Länder benötigt man keines, für manche Länder muss man es vorher beantragen und eine Menge ausfüllen, manche Länder vergeben nur begrenzte Visa an ausländische Touristen. In einigen Ländern kann man das Visum gleich am Flughafen bekommen und manche unterscheiden zwischen Touristenvisa und jenen, mit denen man berechtigt ist, im Land zu arbeiten. Auch hier müssen Sie sich unbedingt rechtzeitig (am besten, sobald Sie sich für Ihr Reiseziel entschieden haben) vorher damit auseinandersetzen, was Sie benötigen und welche Unterlagen Sie dafür vorlegen müssen. Wäre doch ärgerlich, wenn Sie am Zielflughafen landen und dann nicht einreisen können.

UNTERKUNFT FÜR DIE ERSTEN TAGE BUCHEN

Wir sind fast am Ziel mit der Reiseplanung vorab. Ein langer Flug, ein fremdes Land mit fremder Kultur und am besten noch einem gehörigen Jetlag kann ziemlich einschüchternd und anstrengend sein. Deswegen meine Empfehlung: Buchen Sie bereits im Vorhinein für die ersten 3 - 7 Tage (oder wie lange Sie auch immer in der Ankunftsstadt bleiben wollen und wie viel Zeit Sie insgesamt für Ihren Backpackaufenthalt haben) eine erste Unterkunft. Und schauen Sie am besten gleich mit, wie Sie diese vom Flughafen aus erreichen können.

Die Art der Unterkunft kann ganz verschieden sein. Vielleicht möchten Sie doch erstmal ein paar Tage entspannen und ankommen, in Ruhe Ihre

weitere Reise planen und für sich sein, dann buchen Sie sich am besten ein Hotel. Dort haben Sie einen Ort zum Zurückziehen, wenn der Kulturschock oder das Heimweh doch zu groß sind. Es empfiehlt sich aber auch, gerade als Backpackinganfänger und/oder Alleinreisender, möglichst schnell unter Gleichgesinnte zu kommen. Sie können Ihnen Tipps geben, mit ersten Anlaufzielen helfen oder einfach Gesellschaft leisten. Vor allem, wenn Sie ein Neuling sind, werden Sie sicher schnell an die Hand genommen. Vielleicht gehen Sie also die ersten zwei Nächte in ein Hotel und ziehen danach in ein Hostel um. Wenn Sie sich vorher allein gefühlt haben, wird das im Hostel definitiv nicht mehr der Fall sein.

Eine dritte Möglichkeit ist, eine Unterkunft über Airbnb zu buchen. Damit übernachten Sie zu günstigeren Preisen als Hotels bei Privatpersonen, die ein Zimmer (und evtl. auch Bad oder sogar Küche) übrighaben und dies an Reisende vermieten. Hier treffen Sie wahrscheinlich nicht unbedingt andere Backpacker, dafür aber Einheimische. Das bietet Ihnen die Möglichkeit, sofort einen richtigen Einstieg in die Lebensweisen des Landes zu finden. Und wer könnte bessere Insidertipps geben als die Insider selbst? Sie kennen sich bestens mit den Lokalitäten aus und sind noch dazu gewöhnt, Reisende in ihrem Haus zu haben, die vielleicht überfordert sind, Tipps haben wollen oder deren Englisch noch nicht ganz so perfekt ist.

PLANUNG DER REISEROUTE

Ich kann Ihnen vorab direkt sagen: Wenn Sie sich wirklich auf das Backpacking einlassen, werden Sie im Endeffekt sowieso ganz anders das Land erkunden, als Sie es eigentlich vorhatten.

Doch natürlich werden Sie Ziele und Sehenswürdigkeiten haben, die Sie sich unbedingt ansehen wollen. Wer fliegt nach Peru und schaut sich dann nicht den Machu Picchu an? Wenn Sie nur einen kurzen Zeitraum zur Verfügung haben, bietet es sich an, eine ungefähre Reiseroute zu haben und sich auch an diese zu halten. Das mindert die Gefahr, sich zu verzetteln. Aber denjenigen, die länger, vielleicht sogar Monate unterwegs sind, kann ich empfehlen, sich manchmal auch einfach treiben zu lassen. Das macht die Reise doch erst zu einem Abenteuer. Und wenn Sie neue Leute kennenlernen, die vielleicht als Nächstes ein anderes Ziel haben als Sie, dann reisen

Sie doch zuerst mit ihnen und schauen sich Ihr Ziel danach an (solange das keinen Riesenumweg ist). Bestimmt schnappen Sie auch von anderen Backpackern oder Einheimischen im Laufe der Zeit einige Must-sees auf, die Sie gar nicht auf dem Schirm haben. Damit Sie nicht kreuz und quer durchs Land reisen, sollten Sie zwar schon eine ungefähre Route entlang der Ziele haben, die Sie gern sehen wollen – aus irgendeinem Grund haben Sie sich dieses Land ja schließlich auch ausgesucht – aber über alles Weitere sollten Sie vorher nicht zu viele Gedanken verschwenden. Es wird sich alles wunderbar fügen.

DEN BACKPACK RICHTIG PACKEN

Der Countdown läuft! Alles ist erledigt und besorgt, morgen geht der Flieger. Jetzt fehlt nur noch eines: Koffer...nein, Backpack packen! Am besten breiten Sie alles, was Sie mitnehmen wollen, vor sich aus und sortieren es nach Kleidung, Unterwäsche, Schuhen, Elektrogeräte, Kosmetik etc. Überlegen Sie noch einmal genau, ob Sie das wirklich alles brauchen oder ob das ein oder andere Stück nicht vielleicht doch zu Hause bleiben kann.

Damit der vollgepackte Rucksack trotz der

ganzen Klamotten darin einigermaßen angenehm zu tragen ist, sollten Sie schwere Dinge möglichst nah an den Rücken packen, leichte Dinge wie z. B. Kosmetik nach außen. Außerdem sollten Sie Dinge, an die Sie eher dran müssen, weiter nach oben packen. Vor allem, wenn Ihr Rucksack nicht über einen Reißverschluss wie bei einem Koffer verfügt. Sie können außerdem eine Menge Platz sparen, wenn Sie Ihre Kleidung und Handtücher einrollen. Wer zusätzlich noch Ordnung mag, kann sich sogenannte Packing Cubes/Packwürfel besorgen. Das sind kleine tiefe Taschen, die befüllt und dann in den Rucksack gepackt werden. So hat alles seine feste Ordnung und wird sogar noch komprimiert. Schuhe packen Sie am besten in eine Tüte, damit nichts verschmutzt. Wenn es sich anbietet, können Sie Schmuck oder kleine Kabel in die Schuhe legen, dann sparen Sie Platz und haben noch dazu mehr Ordnung im Backpack.

Schwere Wanderschuhe nehmen sehr viel Platz ein. Daher sollten Sie entweder außen an das Handgepäck gebunden (sofern möglich und von der Airline erlaubt) oder auf dem Flug getragen werden. Apropos Handgepäck – Sie sollten Ihren Tagesrucksack als Handgepäck mitnehmen. Hinein werden die

Dinge gepackt, die Sie auf dem Flug benötigen und vielleicht, wenn noch Platz ist, ein paar Kleinigkeiten, die nicht mehr in den Backpack gepasst haben.

Gerade auf sehr langen Flügen wie Australien oder Neuseeland, wo Sie wahrscheinlich zwischenzeitlich umsteigen müssen, sind die Dinge im Handgepäck wichtig. Ihr Backpack wird wahrscheinlich direkt in das neue Flugzeug gepackt, ohne dass Sie ihn neu aufgeben müssen. Packen Sie deshalb alle wichtigen Dokumente in das Handgepäck. Auch Ihr Handy und Kopfhörer sollten dabei sein. Bei langen Flügen empfiehlt es sich außerdem, ein kleines Handtuch, eine Bürste und einen durchsichtigen Zip-Beutel dabeizuhaben, in dem sich eine Zahnbürste, Zahnpasta, Desinfektionsmittel, Deo und etwas Seife befinden. Sich ein wenig frisch zu machen, kann nach einem 10-Stunden-Flug Wunder wirken.

Wer mag, kann sich auch noch ein T-Shirt zum Wechseln einpacken. Mahlzeiten gibt es zwar auf Langstreckenflügen, dennoch kann ein Apfel oder ein anderer kleiner Snack nicht schaden. Besonders, wenn der Zwischenstopp ein paar Stunden dauert. Für diese Zeit bietet es sich auch an, wenn Sie Ihr E-Bock oder Tablet im Handgepäck haben, um sich etwas die Zeit zu vertreiben. Wichtig: Achten Sie auf die Vorgaben und Hinweise der Airline, wie schwer das Handgepäck sein und was es nicht enthalten darf. Sie wollen ja nicht direkt am Flughafen den ersten Ärger bekommen.

Wenn Backpack und Handgepäck fertig sind, kann es losgehen. Ihrem ersten Backpackabenteuer steht nichts mehr im Wege.

Los geht die Reise!

Backpack packen, von den Lieben verabschieden und ab zum Flughafen. Einchecken, Boarding und auf gehts ins Unbekannte. Das erste Backpackabenteuer hat begonnen. Selbstverständlich sind Sie nervös, das geht wohl jedem so. Aber es wird schon alles gut gehen.

ANKUNFT AM ZIEL UND DIE ERSTEN TAGE

Angekommen. Am Flughafen in Bangkok, Auckland, Melbourne, Los Angeles, Buenos Aires oder wo es Sie auch immer hin verschlagen hat.

Höchstwahrscheinlich eine eher große Stadt, die einen, vor allem wenn man vom Land kommt, vermutlich erst einmal mit ihren Eindrücken erschlägt. Noch dazu sind Sie müde und erschöpft von der Reise und wollen wahrscheinlich erstmal nichts anderes als eine Dusche, eine Mahlzeit und ein Bett. Wenn Sie in weiser Voraussicht, wie von mir empfohlen, eine Unterkunft und den Transport dahin gebucht haben, dann sollten Sie sich in der Regel zügig dort befinden und können den Rest Ihres ersten Tages entspannen und ausruhen.

Die nächsten Tage wird es dann wohl auf Erkundungstour gehen. Wenn Sie im Land arbeiten möchten, sollten Sie sich vielleicht schon einmal um ein Bankkonto, Steuernummer und dergleichen kümmern. Außerdem werden Sie sich wahrscheinlich einen geeigneten Handytarif besorgen müssen, um unterwegs Internet zu haben. Aber ansonsten machen Sie sich nicht zu viele Gedanken um alles. Die ersten Tage werden vermutlich sowieso die anstrengendsten sein. Im Folgenden gebe ich deshalb Tipps zu den Top 3 Startschwierigkeiten, mit denen Sie möglicherweise zu kämpfen haben werden.

Jetlag

Es mag Leute geben, die mit einem 20-Stunden Flug und 12 Stunden Zeitverschiebung kein Problem haben. Andere schon. Sie können nachts nicht schlafen, sind tagsüber umso müder, haben keinen Appetit. Stimmungsschwankungen, Kopfschmerzen und der Kreislauf sind auch nicht so auf der Höhe. Dazu kommen möglicherweise noch ungewohnte klimatische Bedingungen und Ihnen ist hundeelend zumute. Natürlich muss nicht alles auf Sie zutreffen, aber dennoch wird Ihr Körper eine Weile brauchen, um mit dem neuen Rhythmus zurechtzukommen. Lassen Sie alles in Ruhe angehen und vermeiden Sie körperlich anstrengende Unternehmungen.

Bei Flügen nach Osten wird der Jetlag vermutlich heftiger ausfallen als bei Flügen nach Westen. Die Anpassungsphase kann zwischen 3 und 14 Tagen dauern, danach sollten Sie aber keine Probleme mehr haben. Um dem vorzubeugen, können Sie – sofern es zeitlich machbar ist - Ihren Schlafrhythmus bereits in der Heimat umstellen. Gehen Sie einfach etwas früher (wenn Sie nach Osten fliegen) oder etwas später (wenn Sie nach Westen fliegen) ins Bett und stellen Sie Ihre Uhr kurz vor Abflug oder während des Fluges um, so haben Sie gleich ein besseres

Zeitgefühl. Wenn Sie dazu noch versuchen, bereits im Flugzeug zu den „richtigen" Zeiten zu schlafen und die Mahlzeiten einzunehmen, dann helfen Sie Ihrem Körper bereits, den anstehenden Jetlag besser wegzustecken.

Trinken Sie Wasser. Schon auf dem Flug sollten Sie möglichst viel trinken. Das hilft nicht nur gegen den Jetlag, sondern auch gegen die trockene, klimatisierte Flugzeugluft. Sie wären nicht der erste Mensch, der verschnupft aus dem Flugzeug steigt. Alkohol, Kaffee oder Tee sollten vermieden werden. Wenn Sie vor Ort sind, verbringen Sie viel Zeit draußen. Frische Luft und Tageslicht werden Ihrem Körper helfen, sich schneller an das Ungewohnte zu gewöhnen.

Kulturschock

Diese Stadt ist so riesig und der Verkehr ein einziges Chaos. Fremde quatschen Sie einfach an, alles riecht merkwürdig, Sie verstehen kaum ein Wort von dem, was irgendwer von sich gibt. Das Essen ist auch nicht so lecker und irgendwie überfordert Sie gerade einfach alles. Sie haben einen Kulturschock. Natürlich kann es überwältigend sein, ein neues Land, eine neue Sprache oder neue Kulturen kennenzulernen.

Vom kleinen Dorf in Bayern ins Zentrum von Bangkok geworfen zu werden, kann einen schon mal überfordern. Einen Vorteil haben Sie jetzt aber schon: Sie sind darauf vorbereitet.

Sie können sich im Vorhinein mit der neuen Kultur beschäftigen und vielleicht sogar schon einmal ein paar kleine Fetzen der Sprache des Landes, in das Sie reisen wollen, lernen. „Bitte", „Danke", „Hallo" und „Tschüss" in einer fremden Sprache kann sich wohl jeder merken. Dazu vielleicht noch ein paar Informationen über die Körpersprache. Vor allem sollten Sie sich vorher informieren, was in diesem Land als höflich gilt und welche Gesten, die für uns vielleicht völlig normal sind, als beleidigend gesehen werden. Missverständnisse können so bereits umgangen werden, bevor sie einen in unangenehme Situationen bringen.

Wenn der Kulturschock Sie dann doch überrollt, gönnen Sie sich eine Pause. Nehmen Sie sich einen Tag an einem ruhigen Ort, telefonieren Sie mit Ihren Lieben, lesen ein Buch und blenden Sie die überwältigende Welt um Sie herum aus. Sprechen Sie mit anderen Backpackern darüber, wie es Ihnen geht oder schreiben Sie Tagebuch. Versuchen Sie nicht gegen den Kulturschock anzukämpfen und akzeptieren Sie ihn. Denken Sie darüber nach, Ihre Pläne zu ändern. Vielleicht nicht morgen direkt in die nächste Großstadt, sondern erst einmal ein paar Tage an den Strand.

Heimweh

Kulturschock, Jetlag, am besten noch allein unterwegs und überhaupt ist das alles irgendwie nicht so, wie Sie es sich vorgestellt haben. Es ist klar, was sich als Nächstes anbahnen wird: Heimweh. Verkriechen und am besten gleich morgen den Flug nach Hause nehmen. Wie sind Sie nur auf diese blöde Idee gekommen, Backpacker zu werden? Das ist doch eigentlich gar nichts für Sie!

Falsch. Sie haben sich sehr wohl etwas dabei gedacht, dieses Abenteuer zu wagen. Und genau diese Situationen zu überwinden, in denen Sie sich gerade befinden, macht Sie stärker. Sie haben dieses Abenteuer unternommen, weil Sie Ihre Ängste überwinden und endlich mal Menschen ansprechen wollten? Tun Sie's. Verkriechen treibt Sie nur noch tiefer in den Teufelskreis hinein. Ja, es ist erlaubt, einen Abend weinend unter der Bettdecke zu liegen und mit Mama daheim zu telefonieren. Aber dann

müssen Sie sich klarmachen, dass Ihnen das nicht helfen wird. Sie können das Heimweh nur überwinden, wenn Sie aktiv etwas dagegen tun. Sprechen Sie andere Backpacker an, hängen Sie sich einfach an sie dran. Kochen Sie etwas gemeinsam oder gehen Sie spazieren. Gönnen Sie sich etwas, tun Sie Dinge, die Ihnen Spaß machen. Shoppen, Kino, Essen gehen. Ihnen wird es schnell besser gehen. Im Schlafsaal sitzt jemand allein unter der Decke und weint, weil er ebenfalls Heimweh hat? Sprechen Sie ihn an und unternehmen Sie etwas gemeinsam. Sie können sich gegenseitig trösten und aus dem Loch ziehen und vielleicht haben Sie schon einen neuen Travelmate gefunden.

Natürlich kann Heimweh zu jeder Zeit der Reise auftreten. Anstatt alles schlecht zu reden, denken Sie darüber nach, warum Sie diese Reise machen und was Sie bisher alles Schönes erlebt hat. Machen Sie sich klar, dass Sie nicht für immer von zu Hause weg sind und bald zurückkehren werden. Wenn Sie zu Heimweh neigen, schreiben Sie im Vorhinein eine Liste, mit Gründen, die dagegensprechen, die Reise abzubrechen.

Aber: Wenn es nicht geht; wenn Sie alle gerade

gegebenen Tipps befolgt haben, trotzdem immer noch allein sind und egal, was Sie machen, es ist einfach nicht, wie Sie es sich vorgestellt haben ... fliegen Sie heim.

Es bringt auch nichts, wenn Sie sich drei Monate in Thailand quälen, heimkommen und alle Erinnerungen, die Sie haben, sind von Tränen gezeichnet. Schließen Sie eine Abmachung mit sich selbst: Wenn das Heimweh Sie packt und Sie kurz davor sind, den Flug nach Hause zu buchen, warten Sie. Geben Sie sich selbst einen bestimmten Zeitraum (ein, zwei, drei Wochen), in denen Sie sich zusammenreißen und gegen das Heimweh ankämpfen. Wenn es dann immer noch so schlimm ist, fliegen Sie heim.

So schlimm und beängstigend das auch alles klingt, Backpacker, die Ihre Reise tatsächlich wegen Heimweh oder Kulturschocks abgebrochen haben, gibt es kaum. Ja, aller Anfang ist schwer. Und natürlich ist ein Streit mit dem Travelmate oder krank zu werden nicht das Optimale.

Jeder hatte auf seiner Reise schon einmal einen Tiefpunkt. Und mit etwas Gesellschaft und Ablenkung hat es auch fast jeder geschafft, sich wieder aufzuraffen und seine Reise durchzuziehen. Denn dafür sind Sie ja schließlich dort.

DIE AM BESTEN GEEIGNETEN FORTBEWEGUNGSMITTEL FÜR BACKPACKER

Backpacking zeichnet sich dadurch aus, nicht ewig am selben Ort zu verweilen, sondern immer wieder weiterzureisen und das Land (oder die Länder) in all seinen Facetten kennenzulernen. Vielleicht haben Sie eine bestimmte Route im Kopf, wollen entlang Australiens Ostküste reisen oder die Route 66 in den USA langfahren. Egal, was Sie vorhaben, Sie können die Strecke schlecht komplett zu Fuß ablaufen.

In den meisten Ländern sind die öffentlichen Verkehrsmittel der günstigste und sicherste Transport für Backpacker. Zum Teil gibt es auch Tickets, mit denen Sie über einen längeren Zeitraum mit derselben Busorganisation von einem Ziel zum nächsten reisen können und pro Kilometer zahlen. Sie können sich natürlich auch einer festen Reisegruppe anschließen, mit der Sie eine bestimmte Route über einen längeren Zeitraum erkunden. Damit sind Sie schon mal definitiv nicht allein. Die besonderen Sehenswürdigkeiten werden von Bussen sowieso angefahren und in den Städten sind öffentliche Verkehrsmittel natürlich auch optimal.

Es gibt aber auch Länder, in denen es sich anbietet, einen Camper zu mieten oder bei einem längeren Zeitraum auch zu kaufen. In Australien, Neuseeland oder auch Kanada sind alte, zu Campern umgebaute Autos ein beliebtes Fortbewegungsmittel. Damit ist der Freiraum deutlich größer und Sie können hinfahren, wo Sie wollen, ohne an bestimmte Busstrecken gebunden zu sein. Gerade, wenn es einsame Landschaften, versteckte Strände oder magische Wasserfälle in den Tiefen des Landes sind, die vielleicht nicht unbedingt zu den Touristenattraktionen zählen, aber einem die wirklich besonderen Momente bescheren.

Dazu kommt das Übernachten inmitten der Natur, Kochen mit dem Gaskocher und die Abendstunden im Campingstuhl mit anderen Campern zu verbringen und dabei zuzusehen, wie die Sterne aufgehen. Für manch einen bedeutet Backpacking und Freiheit genau das. Für andere ist Camping ein Graus und sie mögen es lieber in einem warmen Hostel mit WLAN, einem Bett und Toiletten, für die sie nicht mitten in der Nacht über den ganzen Campingplatz laufen müssen. Es hat beides seine Vor- und Nachteile. Bei der einen Variante müssen Sie gleich zu Anfang eine Menge Geld für ein Auto ausgeben, immer Spritkosten im Hinterkopf haben und bei viel Pech auch Reparaturen bezahlen, Sie sind dafür aber deutlich flexibler und freier. Bei der anderen Variante bezahlen Sie definitiv mehr für Übernachtungen, brauchen ein Busticket, haben aber mehr Komfort.

Auf welche Art und Weise Sie reisen möchten, ist wie immer Ihre Entscheidung. Es ist aber auch zu beachten, dass Camping und „mal eben ein Auto kaufen" nicht in allen Ländern funktioniert. Gerade, wenn man die Nächte mitten im Nirgendwo in einem Auto verbringt, sollte das Land eine gewisse Sicherheit haben. Noch dazu wird eine gewisse Infrastruktur für Camping benötigt. Informieren Sie sich also im Vorhinein, welche Fortbewegungsmethoden für Ihr Land infrage kommen.

Von der Sicherheit im Reiseland hängt es auch ab, ob Sie die dritte Fortbewegungsmöglichkeit wagen wollen. Damit erleben Sie garantiert Abenteuer, sollten aber auch ein wenig risikobereit sein. Ich rede vom Trampen. Mit dem Backpack an die Straße stellen und hoffen, dass einen jemand mit zum nächsten Ziel nimmt. Vielleicht sogar mit einem Zelt dabei, damit man nicht bis zum nächsten Hostel muss, sondern auch unterwegs übernachten kann.

Es besteht die Möglichkeit, wunderbare Leute kennenzulernen, vielleicht sogar Einheimische, die gleich einen Job für einen haben oder andere Backpacker, die dieselbe Route haben und Sie über mehrere Tage mitnehmen können. Aber gleichzeitig auch ständige Ungewissheit, ein gewisses Risiko (nicht jeder Anhalter hat Gutes im Sinne) und keine Garantie dafür, dass Sie Ihre Ziele erreichen. Wenn Sie kein Vollblutabenteurer und noch dazu allein unterwegs sind, probieren Sie diese Fortbewegungsmethode vielleicht lieber erst aus, wenn Sie ein etwas erfahrenerer Backpacker sind und bleiben Sie für Ihre erste Reise bei den zuerst beschriebenen beiden Varianten.

Tipp: Wenn Sie sich bereits vorher über solche Dinge austauschen und informieren wollen, treten Sie doch den Backpackinggruppen für Ihr Land auf Facebook bei. Dort treffen Sie bereits vorher Gleichgesinnte, die Ihnen Ihre Fragen, falls Sie noch welche haben, mit Sicherheit gerne beantworten. Wenn Sie

bereits auf Reisen und z. B. auf der Suche nach einer Mitfahrgelegenheit sind, können Sie dort auch danach fragen.

WO ÜBERNACHTEN BACKPACKER?

Das habe ich bereits mehrfach kurz angerissen. Wer sich Luxus gönnen will, kann natürlich in Hotels wohnen, aber dort werden Sie keine anderen Backpacker finden und so richtig das, wofür Sie diese Reise unternommen haben, ist das auch nicht. Dennoch nimmt es Ihnen niemand übel, wenn Sie sich nach Nächten auf Campingplätzen mit Trockentoiletten, kalten Duschen und Dauerregen mal eine schöne Nacht im warmen Hotel mit Whirlpool gönnen. Womit ich gleich die zweite Übernachtungsmöglichkeit erwähnt hätte - Campingplätze.

Ob mit Zelt oder Camper: Vielleicht sind die Campingplätze im hintersten Outback nicht immer bestens ausgestattet, aber das Gefühl der Freiheit und Unabhängigkeit inmitten der Natur ist Ihnen garantiert. Wer wollte nicht schon mal zum Wellen–rauschen einschlafen? Und manchmal schlafen Sie hier für umgerechnet gerade einmal 5 € oder sogar kostenlos (landesabhängig). Wem das Campen nicht behagt oder es Ihnen in Ihrem Reiseland nicht möglich ist, der kommt am besten in Hostels unter. Der Begriff ist in diesem Ratgeber bereits mehrfach aufgetaucht. Im Grunde sind Hostels die abgespeckte, günstigere Version eines Hotels. In Deutschland sind wohl Jugendherbergen damit vergleichbar. Es gibt Schlafsäle mit mehreren Betten (Wer mag, kann auch mehr Geld ausgeben und dann dafür ein Einzel- oder Zweibettzimmer bekommen.), Toiletten und Duschen für alle und eine Küche, die man sich mit anderen teilt. Hier ist es garantiert, auf Gleichgesinnte zu treffen.

Auch wieder für die Mutigen: Wer die Einheimischen besser kennenlernen und möglichst wenig Geld für eine Übernachtung ausgeben will, kann Couchsurfing machen. Sprich, Sie übernachten bei Einheimischen auf der Couch (oder in einem freien Bett). Nicht ganz ohne Risiko, aber wer sich damit wohlfühlt, kann gewiss etwas Geld sparen und lernt noch dazu die echten Insider kennen.

Zu guter Letzt ...

Jetzt sind Sie – zumindest schon mal in der Theorie – ein perfekt vorbereiteter Backpacker. Ich versuche jetzt noch, Ihnen ein paar letzte Sorgen zu nehmen und einige Hinweise zu geben:

1. Überwinden Sie sich und gehen Sie auf andere zu. Backpacker sind freundlich, hilfsbereit und aufgeschlossen. Wenn Ihnen etwas passiert ist, mit dem Sie allein völlig überfordert sind, fragen Sie nach Hilfe. Wenn Sie sich Sorgen machen, es nicht zu schaffen, jemanden anzusprechen, seien Sie auch hier unbesorgt. Zum einen werden Sie mit Ihrer Aufgabe wachsen und zum anderen ist die Wahrschein-

lichkeit sehr hoch, dass auch Sie einfach von anderen angesprochen werden.

2. Lassen Sie sich fallen. Es mag am Anfang für manch einen ungewohnt sein, den zweiten Tag dieselben Klamotten zu tragen, mit mehreren eine Küche oder Duschräume zu teilen. Aber je weniger Sie sich dem „Backpackinglifestyle" verwehren, desto entspannter und schöner wird das Abenteuer. Man gewöhnt sich an alles. Sie werden sich gegen gewisse Dinge abhärten, glauben Sie mir.

3. Lassen Sie die Dinge auf sich zukommen. Erstellen Sie keine perfekten Tagesabläufe für die nächsten drei Wochen. Haben Sie im Kopf, wo Sie hinwollen und was Sie unbedingt machen wollen und machen Sie sich um den Rest keinen Kopf. Lernen Sie spontan zu sein und nicht jeden Tag krampfhaft mit Erlebnissen vollzustopfen, damit man die Zeit bloß bis aufs Letzte ausschöpft.

4. Machen Sie Pausentage. Das werden Sie ganz von selbst merken: Wenn man jeden Tag mit neuen Eindrücken, neuen Menschen und neuen Umwelten

überschwemmt wird, braucht man hin und wieder einfach mal einen Tag, an dem man einfach mal nichts tut und seine Energie wieder aufladen kann, bevor man am nächsten Tag wieder Neues erlebt.

Das war's. Mehr kann ich Ihnen nicht mit auf den Weg geben. Wenn Sie diesen Ratgeber mit Informationen speziell für Ihr Reiseland ergänzen, sind Sie auf alles vorbereitet, worauf man vorbereitet sein kann. Und vom kleinen Rest lassen Sie sich einfach überraschen. Es wird wunderbar, glauben Sie mir. Mit Sicherheit hat Sie jetzt genau wie mich das Fernweh gepackt und Sie können gar nicht erwarten, Ihre Reise zu beginnen.

Also bleibt auch mir nichts weiter zu sagen als: Safe Travels und Bon Voyage.

Herstellung und Verlag:
BoD – Books on Demand, Norderstedt
ISBN: 9783752692075

© Martin Glesch 2020
1. Auflage
Kontakt: Psiana eCom UG/ Berumer Str. 44/ 26844 Jemgum
Covergestaltung: Fenna Larsson
Coverfoto: depositphotos.com